Una aventura de WhatsApp

por María Danader

ÍNDICE

INTRODUCTION

This book belongs to the ***IMPROVE SPANISH READING*** series specially written for those people who want to improve their Spanish level and vocabulary in a fun and entertaining way. Each book highlights every level's contents, from beginner to expert.

The stories are thought for people who are tired of reading books in Spanish without understanding them. Due to that, we have used a learning method based on the natural daily dialogues and expressions that, thanks to the summaries of each chapter, vocabulary index and the approach to the Spanish idiomatic culture, will get your Spanish to be more fluent.

At the end of the book you will find a downloadable audio link. Each story is recorded by a native Spanish speaker. With this audio, you can learn how to pronounce Spanish words properly while reading the novel.

The more advanced learning methods affirm that the most natural way of learning a language is close to the way children do. To that effect, these stories turn out to be perfect. It is not about understanding every word we are reading. It is not a reading and translating job. The real way of learning a language is understanding the context. We must be able to create an approximate idea of what the story is telling us, so later we can learn the vocabulary that will help us to find the needed words to express ourselves.

How do we use this learning method?

It is recommended to do a previous reading of the vocabulary before plunging oneself into the story, although this is not absolutely needed.

First of all, we will do a complete reading of each chapter. It does not matter if we do not understand everything we read; at the end of each chapter we will find a summary in Spanish and in English that will allow us to understand better what we have formerly read. If our comprehension has been good, we will continue with the next chapter; if it has not, we should read it again and check that now we understand the context better.

At the end of the reading we should do the comprehension activities that we can find at the end of the book.

We can play the audio while reading the book to improve our pronunciation or try to listen to the audio without reading the book and check if we understand everything. Either way, we will improve our Spanish language.

Throughout the stories we will find repeated topics, like greetings, meals, clothes, conversations in hotels and restaurants, addresses and descriptions of people that will help us interiorizing concrete and specific structures. These structures will be the base of the language knowledge in real situations.

UNA AVENTURA DE WHATSAPP
(Por María Danader)

Capítulo uno

Hoy es lunes, son las seis y cuarto de la mañana y tengo mucho sueño. Aún así, yo me levanto para ir al trabajo. Como todos los días, me ducho, desayuno y me visto. En el portal de casa, saludo al portero «buenos días» y él me responde «hasta luego, Juan». El portero es un hombre muy simpático. Él es ecuatoriano y su familia vive en Ecuador.

Mi nombre es Juan, soy de España y tengo veintisiete años. Soy profesor de matemáticas en un colegio. Vivo en Madrid, en un piso pequeño en el centro de la ciudad. Me gusta mucho el barrio donde vivo. Mi piso tiene un balcón, donde tengo flores. Madrid es una ciudad muy grande y muy bonita. Hay muchos museos, cines, teatros, plazas y parques. Lo que más me gusta de Madrid es el Parque del Retiro. Lo que menos me gusta de Madrid es el tráfico. Hay muchos coches en Madrid, aunque el transporte público está muy bien. Yo siempre voy al trabajo en metro, me subo en la misma parada, así que todos los días veo a la misma gente.

Hoy, en el metro, encuentro un móvil en un asiento. El

teléfono parece nuevo. ¿De quién es?, me pregunto. Examino el móvil y veo que hay muchos mensajes de WhatsApp. Miro hacia los lados para adivinar a quién pertenece. El vagón de metro está vacío. Estoy solo con un móvil perdido en mis manos. Voy a encontrar a su dueño: quiero devolver el teléfono.

Resumen capítulo uno

Mi nombre es Juan y vivo en Madrid. Soy profesor de matemáticas en un colegio. Hoy alguien pierde un móvil en el metro. Yo cojo el móvil y veo que hay muchos mensajes de WhatsApp. Decido encontrar al dueño del móvil: quiero devolverlo.

Chapter one summary

My name is Juan and I live in Madrid. I'm a math teacher at school. Today someone loses a cell phone in the subway. I take the mobile and check that there are many messages from WhatsApp. I decide to find the owner of the mobile: I want to return it.

Capítulo dos

Yo cojo el móvil. La pantalla tiene un fondo azul y
varios iconos: el icono del correo electrónico, el icono
de llamadas y el icono de WhatsApp. Compruebo que
hay muchos mensajes.

Para encontrar a su dueño tengo dos opciones: puedo
esperar su propia llamada desde otro teléfono, que me
diga dónde está, ir hasta allí y devolver el teléfono, o
puedo buscar al dueño yo. Como no me gusta esperar,
decido investigar el teléfono. Abro la aplicación de
WhatsApp. Pienso que algún contacto me puede dar
pistas acerca de su dueño. Miro el estado y el perfil.

Hay una foto, una frase y un nombre. Nombre: Ágata.
La frase: «Hoy estoy feliz». Sonrío al leerla y pienso
que tal vez la dueña no está feliz porque no tiene su
móvil. Me fijo en el perfil. Hay una fotografía de
alguien que camina hacia el mar. Al ver el mar, pienso
en mis próximas vacaciones en la Costa del Sol, en
Málaga. Allí tengo un amigo y todos los veranos estoy
quince días con él. Mi amigo se llama Manuel y es
andaluz. Yo le conozco desde hace cinco años.

Con estos pocos datos, yo sé que la dueña del móvil se
llama Ágata, que dice que hoy está feliz y que le gusta
el mar.

Para obtener más pistas, chequeo la galería del móvil y busco una fotografía de Ágata. Sin resultado: la galería está vacía. El móvil es nuevo y no tiene ningún elemento más.

Vuelvo al WhatsApp y leo uno de los chat.

Resumen capítulo dos

Yo cojo el móvil e investigo. En el estado de WhatsApp descubro que Ágata es el nombre de la dueña. De perfil tiene una fotografía con el mar y una frase «Hoy estoy feliz».
Chequeo la galería de fotografías del móvil y está vacía. Abro la aplicación de WhatsApp y leo los mensajes de uno de los chats.

Chapter two summary

I pick the cell phone up and investigate. In the state of WhatsApp I discover that Ágata is the name of the owner. In her profile there is a photograph with the sea and a phrase «I am happy today».
I check at the photo gallery of the mobile and it is empty. I open the WhatsApp application and read the messages of one of the chats.

Capítulo tres

Mientras camino hacia el colegio donde trabajo, leo los mensajes del chat entre Ágata y Lorena. Son las ocho y cincuenta minutos y mis clases comienzan a las nueve. Todos los lunes llego tarde.

Ayer 22:54 horas

Lorena: Hola Ágata, ¿qué tal estás?

Ágata: Hola Lorena, yo estoy muy bien, ¿y tú?

Lorena: Ya casi con un pie en la cama. Es un poco tarde, lo sé, pero quiero preguntarte si mañana vas a la biblioteca.

Ágata: Sí, yo voy siempre a la biblioteca después de las clases, tengo mucho que estudiar, el examen de Álgebra es el jueves.

Lorena: Genial, nos vemos allí, en la biblioteca de la Facultad de Ciencias.

Ágata: Claro, nos vemos, llego sobre las cuatro todos los días.

Lorena: Hasta entonces.

Ágata: Hasta luego.

Hoy 6:12 horas

Ágata: Buenos días, Lorena.
Lorena: Buenos días, Ágata.
Ágata: Lorena, quiero pedirte un favor.
Lorena: ¿Cuál?
Ágata: ¿Tú puedes traerme la carpeta roja? La carpeta
está en tu casa, tiene unos apuntes que necesito.
Lorena: ¿La carpeta roja?
Ágata: Sí, esa. En la tapa pone "Álgebra" con letras
muy grandes. Siempre la olvido. Soy un desastre.
Lorena: Tranquila, yo la llevo y te la doy.
Ágata: Muchas gracias, Lorena.
Lorena: De nada. Un beso.
Ágata: Un beso.

Cuando termino de leer el chat entre Ágata y Lorena,
son las nueve y cinco minutos. Estoy en clase. La clase
es pequeña. Tiene tres ventanas, quince pupitres, una
estantería, mi mesa y una pizarra. También hay una
papelera, un armario y una caja con material escolar.

Les digo a los alumnos que se sienten en las sillas. La
clase comienza con mi explicación, en la pizarra, de la
lección de hoy. Al terminar, les digo a los alumnos que
hagan, en silencio, los ejercicios de la página siguiente.
Así tengo tiempo de chequear el móvil de Ágata. No
hay ningún mensaje más.

De la conversación con Lorena, deduzco que Ágata y Lorena son amigas, que Lorena estudia en la universidad, que el jueves tiene un examen de Álgebra y que hoy, a las cuatro, va a ir a la biblioteca.

Pienso que yo puedo ir a la biblioteca de la universidad, sentarme como uno más y ver si una chica entra con una carpeta roja en cuya tapa pone "Álgebra" con letras muy grandes. Pienso que eso es lo que hago esta tarde.

Resumen capítulo tres

Mientras yo camino hacia el trabajo, leo un chat entre Ágata y Lorena. En el chat pone que, esta tarde, Lorena le lleva a Ágata una carpeta roja a la biblioteca. En la tapa de la carpeta pone "Álgebra" con letras muy grandes.

Mis alumnos están en clase y les explico la lección de hoy. Mientras los alumnos hacen unos ejercicios, yo decido que, esta tarde, también voy a la biblioteca. Allí le devuelvo el móvil a Ágata.

Chapter three summary

While I am going to work, I read a chat between Ágata and Lorena. In the chat it says that, this afternoon, Lorena takes to Ágata a red folder to the library. In the top of the folder it says "Álgebra" with very large letters.

My pupils are in class and I explain today's lesson. While the students are doing some questions, I decide that, this afternoon, I also go to the library. There I return the cell phone to Ágata.

Capítulo cuatro

Cuando mi jornada laboral termina, yo vuelvo a casa.
Enchufo el móvil de Ágata y, mientras se carga, me
ducho y me cambio de ropa.
Quiero pasar desapercibido, parecer un estudiante más
en la biblioteca. Abro el armario, miro la ropa y elijo
algo informal. Me pongo unos vaqueros, una camiseta
blanca y unas deportivas. Me miro en el espejo y,
aunque tengo veintisiete años, parezco un chaval de
dieciocho. Cojo una carpeta y meto unos pocos folios.

Salgo de casa, camino hasta la estación y subo al metro
para ir hasta la biblioteca de la Facultad de Ciencias. La
línea seis me lleva hasta la Ciudad Universitaria y luego
camino unos diez minutos o un poco más. Hoy es un
bonito lunes de mayo. El día está soleado.

Cuando llego a la biblioteca de la Facultad de Ciencias,
intento coger un sitio lo más cercano a la entrada para
poder ver quién entra y quién lleva una carpeta roja.
Los pasos a seguir son sencillos: veo entrar a alguien
con una carpeta roja, me fijo en la tapa, si pone
"Álgebra" está claro que quien lo lleva es Lorena. La
sigo, me siento a su lado y espero el momento en que
aparezca otra chica. Luego, dejo el móvil sobre los
apuntes de Lorena en un momento de despiste de ella y
me marcho.

Con estos pensamientos, me dispongo a observar la puerta de entrada: solo pienso en el color rojo.

Resumen capítulo cuatro

Cuando termino la jornada laboral, voy a casa y me cambio de ropa para parecer un estudiante. Voy en metro hasta la Ciudad Universitaria. En la biblioteca de la Facultad de Ciencias, cojo un sitio cerca de la entrada para ver si alguien entra con una carpeta roja. El plan consiste en localizar a Ágata cuando Lorena le dé la carpeta y dejar el móvil sobre los apuntes mientras ella está despistada.

Chapter four summary

When I finish the workday, I go home and change my clothes to look like a student. I go by metro to the University City. In the library of the Faculty of Science, I take a seat near the entrance to see if someone walks in with a red folder. The plan is to locate Ágata when Lorena gives her the folder and leave the mobile on the notes while she is clueless.

Capítulo cinco

Son las cuatro y dos minutos. La biblioteca comienza a llenarse de estudiantes. Mientras los estudiantes abren sus libros y sacan sus apuntes, hablan en voz baja para no molestar a los demás. Yo tengo que permanecer muy atento: dos de cada tres estudiantes llevan una carpeta roja. Además, hay varias chicas que llevan una carpeta roja con la palabra "Álgebra" en la tapa. Es algo normal porque estoy en la Facultad de Ciencias. Cualquiera de ellas puede ser Lorena.

Tengo que pensar otro plan.

No veo otra solución: tengo que hacerme pasar por Ágata, escribir un mensaje a Lorena y preguntar dónde está exactamente. Luego sentarme a su lado disimuladamente.

Ágata (Juan): ¡Hola, Lorena! ¿Cómo estás?

Lorena: ¡Buenas tardes, Ágata! Estoy muy bien. Te espero en la biblioteca.

Ágata (Juan): Genial, yo llego en unos minutos. ¿Hay mucha gente?

Lorena: Sí, hay mucha gente. Se nota que hay exámenes pronto.

Ágata (Juan): Pues guarda un sitio para mí, ¿vale?

Lorena: Claro, sí.

Ágata (Juan): ¿Dónde estás sentada?

Lorena: Estoy donde siempre.

Ágata (Juan): ¿Dónde siempre? ¿Puedes concretar?
Lorena: ¿Te pasa algo, Ágata?

Tengo que pensar qué responder. Ellas siempre se
sientan en el mismo sitio, pero yo no sé cuál es ese
sitio. Lorena desconfía, tal vez intuye que algo no va
bien.

Resumen capítulo cinco

Muchos estudiantes llegan a la biblioteca. Hay muchos con carpetas rojas y con la palabra "Álgebra" en la tapa. Pienso otra solución: escribir un mensaje de WhatsApp a Lorena y preguntar dónde está. Lo hago así. Lorena responde que «está donde siempre». Le pido a Lorena que concrete y ella desconfía. Piensa que algo le pasa a Ágata.

Chapter five summary

Many students come to the library. There are many with red folders and with the word "Álgebra" on the top.
I think of another solution: write a message from WhatsApp to Lorena and ask where she is.
Lorena responds that «I am where ever». I insist on that concrete and Lorena distrusts. She thinks that something happens to Ágata.

Capítulo seis

Son las cuatro y doce. En cualquier momento Ágata llega a la biblioteca. Debo responder rápido a Lorena, sin levantar sospechas.

Lorena: Ágata, ¿qué te pasa?
Ágata (Juan): Nada, nada, hoy estoy muy nerviosa por el próximo examen, a ratos dudo de todo. No te preocupes, acudo donde siempre.
Lorena: Sí, aquí te espero. Tranquila, seguro que sacas muy buena nota, como siempre.
Ágata (Juan): Gracias, Lorena.

Camino por la biblioteca buscando «el sitio de siempre». En la biblioteca hay muchos estudiantes. Todos están muy concentrados en sus libros y apuntes. Una lámpara en el centro de las mesas ilumina ambos lados. Hay pocos sitios libres. Si veo un sitio libre, una chica y una carpeta roja, las posibilidades de que sea Lorena son muchas.

Cada vez camino más rápido. Al lado de un ventanal grande, hay una chica y un sitio vacío a su lado. Enfrente hay otro hueco. No lo pienso mucho: es mi única oportunidad. Avanzo hacia el sitio y me siento. Con disimulo, observo a la chica que tengo enfrente. Detrás de mí está el ventanal grande. A la derecha hay un chico y a la izquierda una chica. No tengo ninguna duda de que es Lorena. Para comprobarlo, oculto el móvil debajo de la mesa y le envío un mensaje. Si ella lo mira al instante, no hay duda.

La chica que tengo enfrente no tarda ni dos segundos en mirar el móvil y contestar.

Ágata (Juan): Hola Lorena, perdona pero llego tarde.
Lorena: No te preocupes, yo estoy aquí toda la tarde hasta la hora de cerrar. Ya sabes que el horario de la biblioteca es por las mañanas de nueve a dos y por las tardes de cuatro a nueve.
Ágata (Juan): Lo sé. Muchas gracias.

Bien, ya sé quién es Lorena. Además, debajo de sus apuntes hay una carpeta roja. Ahora, tengo que esperar a Ágata.

Resumen capítulo seis

Yo intento encontrar a Lorena, para eso busco un sitio vacío junto a una chica. Lo encuentro y me siento enfrente. Para asegurarme de que es Lorena le envío un mensaje. Ella lo contesta y yo no tengo ninguna duda. Ahora espero a que venga Ágata.

Chapter six summary

I try to find Lorena, for that I look for an empty seat next to a girl. I find it and I sit in front of her. To make sure it's Lorena I send her a message. She answers it and I have no doubt. Now I wait for Ágata to come.

Capítulo siete

Para disimular, yo saco los folios de mi carpeta y los miro. Escribo alguna fórmula. A las cinco menos cuarto llega Ágata.

Ágata es una chica morena, delgada y de estatura media. Lleva el pelo recogido en una coleta. Tiene los ojos muy grandes. Ágata se acerca a Lorena y le da un par de besos. Ágata parece preocupada. Yo escucho la conversación que tienen, en voz baja, las dos chicas.

Lorena: Hola, Ágata. ¿Qué tal? Por fin estás aquí. Estás muy seria. ¿Qué te pasa?
Ágata: Hoy tengo un mal día: me levanto tarde y pierdo el metro, después pierdo el móvil, llego tarde a clase y mi madre se enfada conmigo. Aún no tengo el móvil en mi poder. Por más que pregunto en sitios, nadie sabe nada de mi móvil.
Lorena: ¿Cómo dices? ¡Eso es imposible! Tú dices que tu móvil está perdido pero me escribes igual. ¡Estás realmente mal, Ágata!
Ágata: ¿Qué? Mira no estoy para bromas, tengo mucho que estudiar. No entiendo nada.

Desde mi sitio, yo veo cómo Lorena le muestra las conversaciones de WhatsApp de hoy. Los ojos de

Ágata se abren y son aún más grandes de lo normal. Está muy impresionada. Casi no puede ni hablar.

Ágata: Pero no, pero no, no soy yo, yo no tengo el móvil. Me estoy mareando.

Lorena: Tranquila, vamos a descubrir quién se hace pasar por ti, de momento es mejor salir fuera, y tomar un poco de aire.

Ágata: Sí, no me encuentro bien. ¿Dejamos aquí las cosas?

Lorena: Sí, sí, de lo contrario nos quitan el sitio, seguro.

Resumen capítulo siete

A las cinco menos cuarto llega Ágata. Ágata le dice a
Lorena que hoy lleva un mal día. No tiene su móvil.
Lorena le dice que eso es imposible, le enseña su
conversación de WhatsApp. Ágata no entiende nada, se
marea. Ambas salen de la biblioteca para tomar aire.

Chapter seven summary

At quarter to five, Ágata arrives. Ágata tells Lorena that
today she is having a bad day. She does not have her
cell phone. Lorena tells her that's impossible, shows her
WhatsApp conversations. Ágata does not understand
anything, she is dizzy. They both leave the library for
taking a breath.

Capítulo ocho

Estoy arrepentido. Ahora ellas están preocupadas.
Recojo mis apuntes y salgo de la biblioteca.
Una vez fuera, encuentro a las dos chicas sentadas en
unas sillas. Me coloco al lado y dejo caer al suelo mis
apuntes. Mientras los recojo, puedo escuchar lo que
dicen. Finalmente, ellas concluyen que deben llamar a
la compañía telefónica para dar de baja la línea de
Ágata. Así lo hacen, desde el teléfono de Lorena.

Compañía telefónica: Buenas tardes, le atiende Rosa
Villarejo de la compañía LoLo Telecomunicaciones.
¿En qué puedo ayudarle?
Ágata: Buenos días, quiero dar de baja la línea de mi
móvil.
Compañía telefónica: Un momento, por favor.
Ágata: Sí.
Compañía telefónica: ¿Cuál es su DNI?
Ágata: Mi documento nacional de identidad es el
nueve-nueve- jota-eme- tres-cero.
Compañía telefónica: ¿Es el 9-9-j-m-3-0?
Ágata: Correcto.
Compañía telefónica: ¿Cuál es su nombre?
Ágata: Mi nombre es Ágata Rojas Llanos.
Compañía telefónica: Muy bien Ágata. ¿Cuál es su
domicilio?

Ágata: Yo vivo en la calle Zurita número siete, décimo derecha.

Compañía telefónica: Muy bien, muchas gracias. Ágata, ¿cuál es el motivo para dar de baja la línea?

Ágata: Pérdida de teléfono.

Compañía telefónica: Muy bien, en un par de horas está dado de baja.

Ágata: Muchas gracias.

Compañía telefónica: De nada. ¿Puedo ayudarle en algo más?

Ágata: No, gracias, eso es todo. Adiós.

Compañía telefónica: Adiós.

Me siento muy culpable, tengo que hacer algo. Sin pensarlo mucho me tropiezo con Ágata y dejo caer su móvil al suelo.

Perdona, le digo, hoy estoy muy torpe.

Ágata me dice un «tranquilo, tampoco hoy es mi día, no pasa nada».

Le sonrío, miro al suelo y me agacho. ¿Es esto tuyo? Le digo mientras recojo su móvil.

Ágata, muy sorprendida, lo coge y me dice que sí. Mientras, Lorena le dice que debe llamar otra vez a la compañía para que paren los trámites de dar de baja la línea.

Las dos chicas están contentas por recuperar el móvil. Ágata me mira. Ella quiere preguntarme algo. Creo que sospecha de mí. ¿Os apetece un café? Les digo. Las chicas asienten, contentas. Los tres nos alejamos hacia la cafetería de la biblioteca.

FIN

Resumen capítulo ocho

Cuando salgo de la biblioteca, veo a las chicas y yo
dejo caer mis apuntes para poder escuchar lo que dicen.
Ágata llama a la compañía telefónica para dar de baja la
línea de su móvil.
Yo me siento culpable. Me tropiezo con Ágata
intencionadamente y dejo caer su móvil. Le pido
disculpas. Me agacho y le digo si es suyo. Ella ve el
móvil y se pone muy contenta. Ahora tiene que volver a
llamar para anular la baja de la línea telefónica.

Chapter eight summary

When I leave the library, I see the girls and I drop my
notes so I can hear what they say. Ágata calls the
telephone company to unsubscribe the line of his
mobile.
I feel guilty. I trip over Ágata intentionally and drop her
cell phone. I apologize. I crouch and tell her if it's hers.
She sees the cell phone and she is very happy. Now she
has to call again to cancel the phone line cancellation.

Material extra

VOCABULARIO/VOCABULARY

A

Abrir: to open.

Acudir: to come.

Además: in addition.

Adiós: bye.

Adivinar: to guess.

Agachar: to duck.

Ahora: now.

Aire: air.

Alargado/a: extended, long.

Álgebra: Algebra.

Algo: something.

Alguien: someone, somebody.

Algún: some, any.

Allí: there.

Alumno/a: student, pupil.

Ambos: both.

Amigo/a: friend.

Andaluz/a: Andalusian.

Año: year.

Aparecer: to appear.

Aplicación: application.

Apuntes: notes.

Aquí: here.

Armario: closet, bookcase.

Arrepentido: repentant.

Asegurarse: to check, to ensure.

Así: like this.

Asiento: seat.

Atender: to attend to.

Atento: attentive.

Aún: still.

Aunque: although.

Avanzar: to progress, to improve.

Aventura: aventure.

Ayer: yesterday.

Ayudar: to help.

Azul: blue.

B

Bajo/a: short, small.

Balcón: balcony.

Barrio: neighborhood.

Beso: kiss.

Bicicleta: bicycle.

Blanco/a: white.

Bonito/a: nice.

Broma: joke.

Buscar: to look for, to search for.

C

Caber: to fit.
Cada: each.
Caja: box.
Calle: street.
Cama: bed.
Cambiar de ropa: to get changed.
Caminar: to walk.
Camino: way, path.
Camiseta: T-shirt.
Capítulo: chapter.
Cargarse: to carry, to tilt, to lean.
Carpeta: folder.
Casa: house.
Centro: middle, centre.
Cerca: close.
Cercano: near.
Cerrar: to close.
Chaval: kid.
Chequeo: check.
Chico/a: kid, girl.
Ciencia: Science.
Cine: cinema.
Ciudad: city.
Claro: of course.
Clase: class, kind.
Coger: to take.
Colegio: school.

Coleta: ponytail.

Color: colour.

Comenzar: to start.

Como: as, like.

Compañía telefónica: phone company.

Comprobar: to check, to test.

Con: with.

Concentrado/a: concentrated.

Concluir: to complete, to finish.

Concretar: to set.

Conmigo: with me.

Consistir: to consist in.

Contacto: contact.

Contento/a: happy.

Conversación: conversation.

Correcto/a: correct, polite.

Correo electrónico: email.

Cuál: what, which.

Cualquier/a: anyone, anybody.

Cuando: when.

Cuarto: quarter.

Culpable: responsible.

Cumplido/a: achieved.

D

Dar: to give.

Dar cuenta: to realize.

Dar de baja: to dismiss.

Dato: news, information.

De: from, of, to.

Debajo: under.

Deber: to have to.

Decidir: to decide.

Décimo/a: tenth.

Decir: to say.

Deducir: to deduce.

Delgado/a: thin.

Demás: the others.

Deportivo/a: sports.

Derecha: right.

Desastre: disaster.

Desayuno: breakfast.

Desconfiar: to be suspicious of.

Descubrir: to discover.

Desde: since, from.

Despistada: distracted.

Despiste: lapse of concentration.

Después: after.

Detrás: behind.

Devolver: to return.

Día: day.

Disimuladamente: covertly.

Disimular: to conceal, hide, disguise.

Disponer: to get, to arrange.

Dni: Identity National Document.

Domicilio: residence, address.

Donde: where.

Ducharse: to have a shower.

Duda: question.

Dudar: to doubt.

Dueño/a: owner.

E

Ecuador: Ecuador.

Ecuatoriano/a: Ecuadorian.

Elegir: to choose.

Elemento: element.

Ellos/as: they.

En: in.

Enchufar: to turn on.

Encontrar: to find.

Enfadar: to irritate.

Entrada: entrance.

Entrar: to enter.

Enviar: to send.

Escolar: school.

Escribir: to write.

España: Spain.

Espejo: mirror.

Esperar: to wait.

Estación: station.

Estado: state.

Estantería: bookcase.

Estatura: height.

Estos/as: these.

Estudiar: to study.
Exactamente: exactly.
Examen: test, exam.
Examinar: to examine.
Explicación: explanation.

F

Facultad: departament.
Familia: family.
Favor: favour.
Feliz: happy.
Fijo/a: fixed.
Flor: flower.
Folio: sheet, page.
Fondo: at the back.
Fórmula: formula.
Foto: photo.
Frase: sentence.
Frente: front.

G

Galería: gallery, balcony.
Genial: brilliant.
Gente: people.
Gracias: thanks.
Grande: big.
Guardar: to keep.

Gustar: to like.

H

Hablar: to talk.
Hacer: to do, to make.
Hacerse pasar: to pretend to be.
Hacia: to, for, around.
Hasta: untill.
Hasta entonces: up to then.
Hasta luego: see you later.
Hay: there is/ there are.
Hombre: man.
Hora: hour.
Horario: timetable.
Hoy: today.
Hueco: gap.

I

Icono: icon.
Igual: equal.
Iluminar: to light up.
Imposible: impossible.
Impresionado/a: affected.
Informal: informal, casual.
Instante: instant, moment.
Intentar: to try.
Intento: attempt, effort.

Intuir: to sense, to intuit.
Investigar: to investigate, to research.
Ir: to go.
Izquierda: left.

J

Jornada laboral: workday.
Jueves: Thursday.
Junto/a: together.
Justo/a: fair.

K

–

L

Lado: side.
Lámpara: lamp.
Lección: lesson.
Leer: to read.
Letra: letter.
Levantar: to raise.
Levantar sospechas: to raise suspicions.
Libre: free.
Libro: book.
Línea (de metro): line, route.
Llamada: phone call.

Llamar: to call.

Llegar: to arrive.

Llenarse: to fill up.

Llevar: to carry, to take.

Localizar: to locate.

Los/as: the.

Luego: later.

Lunes: Monday.

M

Madre: mother.

Mal: bad.

Mano: hand.

Mañana: tomorrow.

Mar: sea.

Marchar: to leave.

Marear: to make [sb] dizzy.

Más: more, plus.

Matemáticas: mathematics.

Material: material.

Mayo: May.

Media: average.

Menos: less.

Mensaje: message.

Mesa: table.

Metro: subway.

Mi: my.

Mientras: while.

Minuto: minute.

Mirar: to look.

Misión: mission.

Misma: same.

Molestar: to disturb.

Momento: moment.

Moreno/a: dark haired, brunette.

Motivo: reason, cause.

Móvil: mobile.

Mucho/a: many, a lot of.

Muestra: exhibition, sample.

Museo: museum.

Muy: very, too.

N

Necesitar: to need.

Nervioso/a: nervous, anxious.

Ni: nor, not even.

Ningún: no.

Ninguno/a: none.

Nombre: name.

Normal: normal.

Nota: mark.

Nuevo/a: new.

O

Observar: to observe.
Obtener: to get, to obtain.
Oculto/a: hidden.
Ojo: eye.
Olvidar: to forget.
Oportunidad: occasion, chance.
Otro/a: other.

P

Página: page.
Pantalla: screen.
Papelera: bin, wastepaper.
Par: pair, couple, even (numbers).
Para: for.
Parada: stop, rank, stand.
Parar: to stop.
Parecer: to look like.
Parque: park.
Pasar desapercibido: to miss.
Paso: step.
Pelo: hair.
Pensamiento: thought, thinking.
Pensar: to think.
Pequeño/a: small.
Pérdida: loss.
Perdido/a: lost.

Perdonar: to forgive, to pardon.

Perfil: profile.

Pero: but.

Pertenecer: to belong to.

Pie: foot.

Piso: floor.

Pizarra: blackboard.

Plan: plan.

Plaza: square, plaza.

Poco/a: a little.

Poder: to can.

Ponerse: to put yourself.

Porque: because.

Portal: entrance, hall.

Portero/a: doorman.

Posibilidad: possibility, opportunity.

Preguntar: to ask for, to request.

Preocupado/a: worried, concerned.

Preocupar: to worry.

Problema: problem.

Profesor/a: teacher.

Pronto: soon.

Propio/a: (belonging to yourself) your own.

Próximo/a: close, near.

Puerta: door.

Pues: well, since, as, so.

Pupitre: desk.

Q

Querer: to want.
Quién: who.
Quitar: to remove.

R

Rápido/a: fast.
Rato: a short time.
Realmente: actually, really, in fact.
Recoger: to pick up.
Recogido/a: (hair) updo, upsweep.
Reír: to laugh.
Responder: to answer, to reply.
Resto: rest, remainder.
Resultado: result.
Resumen: summary.
Rojo/a: red.
Ropa: clothes.

S

Saber: to know.
Sacar: to extract, take out.
Salir: to go out.
Salir fuera: to
Saludar: to greet.
Seguir: to go on.

Seguro: sure.

Sencillo/a: simple, easy.

Sentado/a: sat, sitting, seated.

Sentarse: to sit down.

Serio/a: serious.

Sí: yes.

Siempre: always.

Siguiente: next, following.

Silencio: silence.

Simpático/a: likeable, amusing, nice, pleasant.

Sin: without.

Sitio: place, site.

Sobre: around.

Soleado/a: sunny.

Solo/a: alone, single.

Solución: solution.

Sonreír: to smile.

Sorprendido/a: surprised.

Subir: get on, get onto, get in, get into.

Suelo: floor.

Sueño: be sleepy/ dream.

T

Tal vez: maybe, perhaps.

También: too.

Tampoco: nor, neither.

Tapa: cover.

Tarde: late/ afternoon.
Teatro: theatre.
Teléfono: telephone.
Tener: to have.
Terminar: to finish.
Tiempo: time.
Todo: all.
Tomar: to take.
Torpe: hopeless, clumsy.
Trabajo: job, work.
Tráfico: traffic.
Trámite: procedure.
Tranquilo/a: calm, quiet.
Transporte público: public transport.
Tropiezo: tumble.

U

Un: a, an.
Uno/a: one.
Único/a: unique, only.
Usar: to use.

V

Vacación: holiday.
Vacío/a: empty.
Vagón: carriage, coach.
Vale: ok.

Vaqueros: jeans, denims.

Varios/as: some, several.

Ventanal: picture window.

Ventana: window.

Ver: to see.

Verano: Summer.

Vestirse: to get dressed.

Vez: time.

Vivir: to live.

Volver: to come back, to go back.

Voz: voice.

W

--

X

--

Y

Y: and.

Yo: I.

Z

LÉXICO Y GRAMÁTICA / LEXICON AND GRAMMAR

Números/Numbers : uno (one), dos (two), tres (three), cuatro (four), cinco (five), seis (six), siete (seven), ocho (eight), nueve (nine), diez (ten), once (eleven), doce (twelve), trece (thirteen), catorce (fourteen), quince (fiveteen), dieciséis (sixteen), diecisiete (seventeen), dieciocho (eighteen), diecinueve (nineteen), veinte (twenty), veintiuno (twenty-one), veintidós (twenty-two), veintitrés (twenty-three), veinticuatro (twenty-four), veinticinco (twenty-five), veintiséis (twenty-six), veintisiete (twenty-seven), veintiocho (twenty-eigth), veintinueve (twenty-nine), treinta (thirty) , treinta y uno (thirty-one), treinta y dos (thirty-two) ...cuarenta (forty), cuarenta y uno (forty-one), cuarenta y dos (forty-two), …, cincuenta (fifty), cincuenta y uno (fifty-one), cincuenta y dos (fifty-two).

Verbo SER/ To be: yo soy (I am), tú eres (you are), él/ella/ello es (he/she/it is), nosotros somos (we are), vosotros sois (you are), ellos son (they are).
Usted es (singular formal expression "you are") /ustedes son (plural formal expression "you are").

Verbo ESTAR / To be: yo estoy (I am), tú estás (you are), él/ella/ello está (he/she/it is), nosotros estamos (we are), vosotros estáis (you are), ellos están (they are).
Usted está (singular formal expression you are)/ ustedes están (plural formal expression you are).

Días de la semana/ Days of the week: Lunes (Monday), martes (Tuesday), miércoles (Wednesday), jueves (Thursday), viernes (Friday), sábado (Saturday), domingo (Sunday).

Partes del día/ Parts of the day: mañana (morning), tarde (afternoon), noche (night).

Estaciones del año/ Seasons of the year: primavera (Spring), verano (Summer), otoño (Autumn), invierno (Winter).

Meses del año/ Months of the year: enero (January), febrero (February), marzo (March), abril (April), mayo (May), junio (June), julio (July), agosto (August), septiembre (September), octubre (October), noviembre (November), diciembre (December).

Ayer/ Hoy/ Mañana: Yesterday/ Today/ Tomorrow.

Hay: There is/ There are.

Algunas nacionalidades/ Some nationalities

Español/a: Spanish
Alemán/a: German
Italiano/a: Italian
Británico/a: British
Ecuatoriano/a: Ecuadorian
Brasileño/a: Brazilian
Francés/esa: French
Colombiano/a: Colombian

FRASES HABITUALES/ COMMON PHRASES

Buenos días/ Good morning

Buenas tardes/Good afternoon

Buenas noches/Good night

¿Cómo estás?/ How are you?

Hasta luego/ Bye

Por favor/ Please

Gracias/ Thank you

¿Cómo te llamas?/ What is your name?

¿Puedo ayudarte?/ Can I help you?

¿Qué hora es? / What time is it?

¿De dónde eres?/ Where are you from?

EJERCICIOS DE COMPRENSIÓN LECTORA/ READING COMPREHENSION EXERCISES

Escoge la respuesta correcta / Choose the correct answer

Ejercicios comprensión lectora capítulo uno/ Reading comprehension chapter one exercises

1.- ¿Dónde vive Juan?

a) En Alicante.
b) En Barcelona.
c) En Madrid.

2.- ¿En qué trabaja?

a) En un restaurante.
b) En un colegio.
c) En un hospital.

3.- ¿Qué encuentra en un asiento del metro?

a) Un móvil.
b) Una carta.
c) Un perro.

**Ejercicios comprensión lectora capítulo dos/
Reading comprehension chapter two exercises**

4) ¿Cómo se llama la dueña del móvil?

a) Andrea.
b) Ágata.
c) Rosa.

5) ¿Qué frase hay en su perfil del WhatsApp?

a) Hoy es un gran día.
b) Hoy estoy triste.
c) Hoy estoy feliz.

**6) ¿Qué hay en la fotografía de su perfil de
WhatApp?**

a) El mar.
b) Una flor.
c) Una taza de café.

**Ejercicios comprensión lectora capítulo tres/
Reading comprehension chapter three exercises**

7) ¿De qué color es la carpeta?
a) La carpeta es blanca.
b) La carpeta es roja.
c) La carpeta es negra.

8) ¿Qué pone en la tapa de la carpeta?

a) Ciencias.
b) Lengua.
c) Álgebra.

9) ¿Qué decide Juan hacer para devolver el móvil?

a) Poner un anuncio en el periódico.
b) Ir a la biblioteca.
c) Nada.

Ejercicios comprensión lectora capítulo cuatro/ Reading comprehension chapter four exercises

10) ¿Qué ropa se pone Juan?

a) Un traje con corbata y chaleco.
b) Un disfraz de Superman.
c) Unos vaqueros, una camiseta blanca y unas deportivas.

11) ¿Cómo va Juan hasta la Ciudad Universitaria?

a) En metro, en la línea seis.
b) En bicicleta.
c) En autobús, en la línea diez.

12) En la biblioteca, Juan se sienta en un sitio:

a) Lo más lejos de la entrada.
b) Lo más cerca de la entrada.
c) Al lado de la salida de emergencia.

**Ejercicios comprensión lectora capítulo cinco/
Reading comprehension chapter five exercises**

13) Elige la opción correcta:

a) Dos de cada tres estudiantes llevan una carpeta roja.
b) Uno de cada diez estudiantes llevan una carpeta roja.
c) Nadie lleva una carpeta roja.

14) ¿Se hace Juan pasar por Ágata?

a) No, ni lo piensa.
b) No, se hace pasar por una vecina.
c) Sí.

15) ¿Qué trata de averiguar Juan?

a) Dónde está exactamente Lorena.
b) La hora que es.
c) Qué examen tiene Lorena.

Ejercicios comprensión lectora capítulo seis/ Reading comprehension chapter six exercises

16.- ¿Qué busca Juan?

a) Un sitio vacío con una chica al lado

b) Las llaves de su casa.

c) Una moneda.

17.- ¿Cuál es el horario de la biblioteca?

a) Por las mañanas de diez a doce y por las tardes de cinco a siete.

b) Por las mañanas de nueve a dos y por las tardes de cuatro a nueve.

c) No cierra nunca.

18.- ¿Dónde se sienta Juan?

a) No se sienta.

b) Enfrente de Lorena.

c) En otra mesa lejos de Lorena.

Ejercicios comprensión lectora capítulo siete/ Reading comprehension chapter seven exercises

19.- ¿Cómo es Ágata?

a) Pelirroja y baja.

b) Alta y rubia.

c) Morena, delgada y de estatura media.

20.- ¿Por qué se marea Ágata?

a) Porque Lorena le enseña sus conversaciones de WhatsApp.

b) Porque no desayuna nunca y está débil.

c) No se marea.

21.- ¿Qué hacen las dos chicas para tomar aire?

a) Abrir la ventana.

b) Salir fuera de la biblioteca.

c) Se abanican con un folio.

Ejercicios comprensión lectora capítulo ocho/ Reading comprehension chapter eight exercises

22.- ¿Dónde deja Juan el móvil?

a) Lo lleva él, encima.

b) En una papelera.

c) Lo deja en su silla.

23.- ¿A quién llama Ágata?

a) A su madre.

b) A su novio.

c) A la compañía de teléfono.

24.- ¿Qué hace finalmente Juan para devolverle el móvil?

a) Nada.

b) Se lo da en mano.

c) Se tropieza intencionadamente con Ágata y recoge del suelo el móvil.

SOLUCIONES A LOS EJERCICIOS DE COMPRENSIÓN LECTORA/ SOLUTIONS TO THE EXERCISES OF READING UNDERSTANDING

1.- c

2.- b

3.- a

4.- b

5.- c

6.- a

7.- b

8.- c

9.- b

10.- c

11.- a

12.- b

13.- a

14.- c

15.- a

16.- a

17.- b

18.- b

19.- c

20.- c

21.- b

22.- a

23.- c

24.- c

AUDIO

Direct link:
Short URL: https://goo.gl/53Q2n6

https://soundcloud.com/maria-danader/una-aventura-de-whatsapp-maria-danader/s-Ku3gi

Download audio link:

Short URL: https://goo.gl/BB9FsR

https://drive.google.com/open?id=12GlLCQR7BIIV XuBdaDTRGo78EvWR1qyM

If you have any problem or suggestion write us an email to the following address:

improvespanishreading@gmail.com

Notas/Notes

Notas/Notes

Otros títulos de la colección publicados hasta la fecha

Aprende español - Learn Spanish

con Improve Spanish Reading

Visita nuestra página web

http://improve-spanish-reading.webnode.es/

Made in the USA
Coppell, TX
26 August 2021

61245760R10049